Befreit euch!

Ein libertäres Manifest

AF222189

BEFREIT

Ein libertäres Manifest

EUCH!

How to HOCHKULTUR POCKET

Bibliografische Information der Deutschen
Nationalbibliothek: Die Deutsche Nationalbiblio-
thek verzeichnet diese Publikation in der Deutschen
Nationalbibliografie; detaillierte bibliografische
Daten sind im Internet über dnb.dnb.de abrufbar.

Verlag: BoD · Books on Demand GmbH, Überseering 33,
22297 Hamburg, bod@bod.de
Druck: Libri Plureos GmbH, Friedensallee 273,
22763 Hamburg

ISBN: 978-3-7693-9854-0

www.hochkultur.org

Den Rebellen,
Freigeistern
und Mutigen.
Für eine Welt
ohne Herrschaft,
ohne Lügen,
ohne Ketten.

Was ist Freiheit?

Freiheit ist das, was bleibt,
wenn alle Illusionen gefallen sind.
Freiheit ist das, was Du bist,
bevor Dir jemand sagt,
wer Du sein sollst.

Freiheit ist nicht das Recht,
zu tun, was man will,
sondern die Möglichkeit,
nicht zu tun, was man nicht will.

Freiheit ist
unser göttliches Geburtsrecht.

Doch wir haben sie
uns nehmen lassen.
Nicht von anderen,
sondern durch unsere
eigenen Ängste, Glaubenssätze
und Angewohnheiten.

Befreiung beginnt im Kopf.

Warum ist Freiheit
das wichtigste Gut?

Weil ohne Freiheit
alles andere bedeutungslos ist.

Ohne Freiheit
ist Wohlstand ein goldener Käfig.

Ohne Freiheit
ist Sicherheit eine Kette am Hals.

Ohne Freiheit
ist Liebe nur Besitz.

Freiheit ist die Grundlage von allem.
Sie ist der Raum, in dem Glück,
Liebe und Erschaffung
überhaupt erst gedeihen können.

Sie ist nicht verhandelbar.

Sie ist nicht teilbar.
Sie ist entweder vollkommen
oder nicht existent.

Wie können wir uns befreien?
Indem wir alles ablegen,
was uns unfrei macht.

Indem wir die Lügen entlarven,
die wir als Wahrheiten
angenommen haben.

Indem wir erkennen,
dass das größte Gefängnis
die eigene Angst ist.

01
Befreit Euch vom Glauben, Ihr wärt unfrei!

Eure Ketten sind
aus Nebel geschmiedet,
doch Ihr habt sie für Stahl gehalten.

Man hat Euch mit Schatten erschreckt,
damit Ihr das Licht vergesst.

Der Schlüssel zur Freiheit
war stets in Eurer Hand,
doch Ihr habt nie daran gedreht.

Die Mauern um Euch herum
bestehen nur aus den Schatten
der Angst – tretet hindurch
und sie werden sich auflösen.

Niemand außer Euch selbst
kann Euch gefangen halten.

Der erste Schritt zur Befreiung ist
nicht das Zerbrechen der Ketten,
sondern das Erkennen, dass sie nie
wirklich da waren.

Eure Ketten bestehen aus Gedanken.

Ihr seid nie gefangen gewesen.
Ihr müsst nur aufhören,
an Eure Käfige zu glauben.

Niemand kann Euch
Eure Freiheit nehmen.
Ihr könnt sie nur selbst aufgeben.

Der erste Schritt zur Befreiung ist
zu erkennen, dass Ihr bereits frei seid.

Löst Euch von der Idee,
dass jemand anders die Macht
über Euer Leben hat.

02
Befreit Euch von den Medien!

Sie flüstern Euch zu, was Ihr
denken sollt, und Ihr haltet es
für Eure eigene Stimme.

Ihre Bilder malen Eure Welt
in düsteren Farben, doch es ist
nur eine Leinwand aus Illusionen.

Nachrichten sind keine Wahrheiten,
sie sind Geschichten, sorgsam
gesponnen, um Euch in einem Kokon
aus Angst und Gehorsam zu halten.

Schaltet sie ab, und Ihr werdet
die Stille hören – eine Stille,
die Euch nicht manipuliert,
sondern Euch selbst zurückgibt.

Lasst Euch nicht hypnotisieren.
Holt Euch Eure Gedanken zurück.

Seitdem Nachrichten rund
um die Uhr gesendet werden,

haben sie aufgehört,
Informationen zu liefern.
Sie sind zu einer endlosen Inszenierung
geworden, ein Theaterstück,
das unsere Gedanken besetzt.

Die Medien sagen uns,
was wir denken sollen.
Die Alternative ist einfach:
Denkt selbst.

Stellt Euch eine Welt vor,
in der Eure Wahrnehmung
nicht von endlosen Schlagzeilen und
Alarmmeldungen manipuliert wird.

Schaltet die Nachrichten ab
und beginnt, mit offenen Augen
selbst zu sehen.

03
Befreit Euch von der Politik!

Ein endloses Schauspiel, eine Bühne,
auf der Lügen tanzen, während
die Wahrheit im Dunkeln sitzt.

Sie locken Euch mit Versprechen,
die so hohl sind wie leere Kelche.

Sie malen Grenzen in den Sand
und nennen sie Nationen.

Sie stellen Euch gegeneinander auf und
lachen hinter verschlossenen Türen.

Doch Ihr seid keine Figuren
auf ihrem Schachbrett.
Tretet aus dem Spiel heraus – nur
wer nicht spielt, kann nicht verlieren.

Ohne Medien ist Politik machtlos.

Politik lebt davon,
Menschen zu spalten.
In Links und Rechts.

In Geimpfte und Ungeimpfte.
In Bürger und Feinde.
In Gut und Böse.

Doch all das ist erfunden.
Eine Illusion. Ein Theaterstück.
Das Spiel endet, wenn Ihr Euch weigert,
mitzuspielen.

Leben ist kein Warten
auf die nächste Wahl.
Es ist keine Auseinandersetzung
mit Parteiprogrammen.
Leben ist ein Schaffen.
Eine Erschaffung.
Eine Freiheit jenseits der Machtspiele
der Herrschenden.

04
Befreit Euch von den Staats- erzählungen!

Sie haben Euch Märchen erzählt,
so oft, dass Ihr sie für Wahrheit haltet.

Sie sagten, ohne sie gäbe es nur Chaos,
doch das wahre Chaos ist
ihre Herrschaft.

Sie gaben Euch ein Stück Papier
und nannten es Freiheit,
während sie mit der anderen Hand
Eure Ketten schlossen.

Sie versprachen Schutz,
doch wer schützt Euch
vor den Beschützern?

Sie erschufen Probleme, um ihre
Lösungen verkaufen zu können.

Die Geschichte des Staates
ist die Geschichte der Täuschung.

Öffnet die Augen – und Ihr werdet
sehen, dass der wahre Souverän
immer Ihr wart.

Nehmt niemals Geld vom Staat an!
Jeder Cent, den sie Euch geben,
nimmt Euch ein Stück Eurer Freiheit.
Subventionen, Hilfsprogramme,
staatliche Wohltaten –
sie sind keine Geschenke,
sondern Ketten aus Gold.
Sie machen Euch abhängig,
sie erziehen Euch zu Bittstellern,
sie zerstören Eure Fähigkeit,
selbst zu stehen.
Wer das Geld des Staates nimmt,
tanzt nach seiner Pfeife.
Echte Freiheit gibt es nur,
wenn Ihr Euch selbst versorgt –
unabhängig, eigenständig, unbeugsam.

Befreit Euch von den Almosen
der Herrscher und werdet zu Herren
Eures eigenen Schicksals.

05
Befreit Euch vom Fiatgeld!

Der Staat hat Macht über Euch, weil er
Geld aus dem Nichts erschaffen kann.
Mit jedem neu gedruckten Schein wird
Eure Kaufkraft gestohlen,
leise, unsichtbar, unerbittlich.

Inflation ist kein Zufall,
sondern ein Werkzeug –
eine unsichtbare Steuer, die nie
beschlossen, aber immer erhoben wird.

Sie versprechen Wachstum, doch alles,
was wächst, ist die Schuldenlast,
die sie Euch aufbürden.
Mit diesem Geld finanziert der Staat
nicht Eure Freiheit, sondern
Eure Knechtschaft.
Er kauft damit Kriege, Kontrolle,
Überwachung.

Er verteilt es, um Gehorsam zu
belohnen, und entzieht es,
um Unabhängigkeit zu bestrafen.

Das System ist darauf ausgelegt,
dass Ihr immer abhängiger werdet,
immer härter arbeitet, nur um immer
weniger zu besitzen.

Doch Hayek wusste es bereits:
**Die Trennung von Staat und Geld ist
der Schlüssel zur Freiheit.**
Solange der Staat das Geld
kontrolliert, kontrolliert er Euch.
Er entscheidet, was Ihr verdienen
dürft, was Ihr besitzen dürft, was Euer
Erspartes morgen noch wert ist.

Solange Ihr Fiatgeld nutzt, bleibt Ihr
Teil eines Systems, das von Eurer
Abhängigkeit lebt.

Doch es gibt eine Alternative.
**Bitcoin ist nicht nur eine Währung.
Es ist ein Werkzeug der Befreiung.**
Bitcoin kann nicht gedruckt werden,
nicht manipuliert, nicht enteignet.

Es gehört niemandem und damit allen.

Es ist das erste Geld, das nicht an
Herrschaft gebunden ist,
sondern an freie Menschen.

Wer Bitcoin nutzt,
tritt aus dem Spiel der Kontrolle aus.

Wer Bitcoin spart,
schützt seine Arbeit vor dem
schleichenden Diebstahl der Inflation.

Wer Bitcoin besitzt,
hält einen Schlüssel
zur eigenen Unabhängigkeit.

Es ist mehr als Technologie –
es ist eine Rückkehr zur natürlichen
Ordnung, in der Geld nicht ein
Werkzeug der Herrschenden,
sondern ein Maßstab des
freien Austauschs ist.

In der Ehrlichkeit belohnt wird,
statt Schuldenmacherei.

In der Wert durch Arbeit entsteht,
nicht durch Gelddruckmaschinen.

Befreit Euch vom Fiatgeld –
und Ihr werdet sehen,
wie sich der Nebel der Lügen lichtet.

Bitcoin ist nicht das Ende
der Unterdrückung –
aber es ist der Anfang der Freiheit.

06
Befreit Euch von der Angst!

Angst ist der Schleier,

den sie über Eure Augen legen,
damit Ihr nicht seht,
dass Ihr bereits frei seid.

Sie ist der Schatten, der mit Eurem
eigenen Licht verschwindet,
sobald Ihr Euch umdreht.

Die Zukunft, vor der Ihr Euch fürchtet,
ist ein Märchen, das Ihr selbst
geschrieben habt – löscht die Seiten,
schreibt es neu.

Mut ist nicht die Abwesenheit
von Angst, sondern die Erkenntnis,
dass Angst ein Dieb ist, der nur so
lange bleibt, wie Ihr ihn füttert.
Das Gegenteil von Liebe ist nicht Hass.
Es ist Angst.

Angst ist das perfekte
Werkzeug zur Kontrolle.
Angst vor Krankheit.

Angst vor Armut.
Angst vor der Zukunft.

Doch die Zukunft existiert nicht.
Sie ist eine Geschichte,
die Ihr Euch selbst erzählt.
Hört auf, diese Geschichte zu füttern.

07
Befreit Euch von euren Sorgen!

Sorgen sind Geister, die Euch flüstern,
was alles schiefgehen könnte,
doch keiner von ihnen hat je
die Zukunft gesehen.

Ihr tragt einen Sack voller Steine,
die Ihr nie brauchen werdet.
Lasst ihn fallen und Ihr werdet sehen,
dass Ihr schon immer fliegen konntet.

Das Leben ist ein Fluss,
der Euch trägt – vertraut darauf,
dass er Euch an das richtige Ufer spült.

Sorgen sind Schatten, die
die Sonne Eures Geistes verdunkeln.
Sie nagen an Eurer Seele, ohne je einen
Einfluss auf die Zukunft zu haben.

Sorgen sind nutzlos.
Lasst sie los.

Alles geschieht für Euch,
nicht gegen Euch.

Ihr seid der Herrscher
Eures Universums.

Je mehr Ihr vertraut, desto mehr
entfaltet sich Euer Leben in Harmonie.

08
Befreit Euch vom Mangeldenken!

Die Welt ist Überfluss.
Die Natur gibt immer mehr,
als sie braucht.

Ein Apfelbaum bringt nicht nur einen
Apfel hervor, sondern Hunderte.

Ein Kirschbaum würde niemals
auf die Idee kommen, nur eine Kirsche
im Leben wachsen zu lassen,
was zur Reproduktion theoretisch
ausreichte.
Stattdessen produziert er jedes Jahr
Kirschen im Überfluss.

So wie die gesamte Natur in allen
Belangen Überfluss produziert.

Doch überall erzählen sie Euch
Geschichten vom Mangel.
Mangel an Nahrung. Mangel an Wasser.
Mangel an Geld. Mangel an Bildung.
Mangel an Vernunft. Mangel an Zeit.

Mangel an allem.
Diese Geschichten fesseln Euch,
sie machen Euch klein, sie lassen
Euch glauben, Ihr müsst für Eure
Existenz kämpfen, Euch unterwerfen,
verzichten, gehorchen.

Aber in der Natur existiert Mangel
nicht. Warum also in unserer Welt?

Überfluss ist überall!
Die Natur gibt, ohne Bedingungen,
ohne Gegenleistung, ohne Limit.
Kein Fluss hält sein Wasser zurück,
kein Baum rationiert seine Früchte,
keine Wiese spart mit Gräsern.

Wer Euch vom Mangel erzählt,
will Euch kontrollieren.
Denn wer im Überfluss lebt, ist frei.
Frei zu erschaffen, zu geben,
zu genießen.

Befreit Euch von der Lüge des Mangels!
Hört auf, Geschichten des Mangels
zu wiederholen. Erzählt stattdessen
Geschichten des Überflusses!

Experimentieren wir doch
einfach mal damit!
Beginnt damit, in allem die Fülle
zu sehen – und Ihr werdet bemerken,
dass sie tatsächlich überall ist.

09
Befreit Euch von der Pharma- industrie!

Die gleichen Konzerne, die Pestizide
verkaufen, verkaufen auch
Medikamente gegen die Krankheiten,
die ihre Pestizide verursachen.
Es ist ein Kreislauf der Abhängigkeit:
Erst wird die Nahrung vergiftet,
dann der Körper geschwächt,
und schließlich bietet man Euch
eine Pille als Lösung an.
Doch diese Pille heilt nicht –
sie lindert nur Symptome, damit die
Krankheit weiter bestehen bleibt.

Denn eine geheilte Gesellschaft ist
keine zahlende Gesellschaft.

Sie haben Euch eingeredet, Gesundheit
sei kompliziert, dass Ihr Ärzte,
Versicherungen, teure Behandlungen
und eine unendliche Liste an Pillen
benötigt.

Doch die Wahrheit ist simpel:
**Gesundheit entsteht nicht im Labor,
sondern in der Natur.**
Die einfachste Medizin ist gesunde
Nahrung, Bewegung und Sonnenlicht.

Doch genau diese Dinge werden
Euch entzogen.
Ihr werdet mit künstlichen
Lebensmitteln gefüttert, von
Bildschirmen hypnotisiert und in
geschlossenen Räumen gehalten.

Ihr werdet entwöhnt von echtem
Leben – und dann wundert Ihr Euch
über Krankheit?

Die Pharmaindustrie will Euch nicht
gesund, sie will Euch als Kunden.
Jeder neue Wirkstoff ist eine neue
Abhängigkeit.
Jede neue Krankheit ein neuer Markt.
Befreit Euch aus diesem Kreislauf!

Bewegt Euch, geht nach draußen,
esst das, was die Natur für Euch
vorgesehen hat.

Gesundheit ist keine Ware.
Sie ist Euer Geburtsrecht.

10
Befreit Euch von Ernährungsmythen!

Sie verkaufen Euch Gift und nennen
es Nahrung. Sie pressen das Mark der
Pflanzen, lassen es ranzig werden und
bieten es Euch als Elixier der
Gesundheit an.

Doch Euer Körper erkennt die
Täuschung – er entzündet sich,
er schreit, er wehrt sich gegen das
künstliche Feuer, das in ihm lodert.

Die Nahrungsmittelindustrie ist eine
Maschinerie, die darauf ausgelegt ist,
Euch krank und abhängig zu machen.

Sie nehmen das, was einst Nahrung
war, verarbeiten es, entziehen ihm alles
Wertvolle und ersetzen es durch billige
Ersatzstoffe.

Sie verkaufen Euch hochverarbeitete
Pflanzenöle, die nicht einmal
Maschinen schmieren können,

und nennen sie gesund. Dabei sind sie
die unsichtbaren Brandbeschleuniger
für chronische Entzündungen,
Stoffwechselkrankheiten und
hormonelle Störungen.

Pflanzenkost wurde als Reinheit
inszeniert, als Tugend,
als moralischer Fortschritt.
Doch wo Freude beschnitten wird,
wo Lust zur Sünde erklärt wird,
wo Essen nicht mehr Genuss,
sondern Verzicht bedeutet –
dort liegt Knechtschaft.

Der Ursprung des Veganismus liegt
nicht in der Sorge um die Erde,
sondern in der Angst vor der Lust,
in der Flucht vor dem Leben selbst.
John Harvey Kellogg und Ellen G. White
predigten Enthaltsamkeit,
nicht Gesundheit. Sie wollten die Natur
des Menschen brechen, nicht befreien.

Die Wahrheit ist simpel:
Fleisch und tierische Fette sind die
Grundlage menschlicher Gesundheit.

Die Natur liefert uns, was wir brauchen
– unverarbeitet, nährstoffreich,
in natürlicher Fülle.

Doch die Industrie will Euch
abhängig machen von synthetischen
Ersatzstoffen, künstlichen
Nahrungsergänzungen
und Pharma-Produkten.

Ihr seid nicht dazu geboren,
Verzicht zu huldigen.
Ihr seid dazu geboren,
kraftvoll zu leben.

Esst, was Euch nährt.
Lebt, was Euch belebt.
Liebt, was Euch erfüllt.

11
Befreit Euch von der Monogamie!

Nichts fesselt so sehr wie
die Vorstellung, jemand anderen
besitzen zu können.
Liebe ist keine Besitzurkunde.

Eifersucht ist eine Krankheit,
die uns beigebracht wurde.

Liebe ist frei. Liebe ist nicht begrenzt.

Die Idee der Monogamie ist kein
Naturgesetz, sondern ein Konstrukt,
das Kontrolle erzeugt.
Sie macht aus Liebe eine vertragliche
Vereinbarung, aus Begehren eine Sünde
und aus Freiheit ein Tabu.
Sie lehrt uns, dass Treue bedeutet,
sich selbst zu verleugnen, statt sich
ehrlich zu begegnen.

Doch die Natur kennt keinen Besitz
in der Liebe – sie blüht, wächst,
verströmt sich, ohne Angst vor Verlust.

Die Liebe lehrt uns, dass sie nichts ist,
was festgehalten werden kann.
Sie ist ein Fluss, nicht ein stehendes
Gewässer.
Sie lebt in der Berührung,
 im Moment, in der Hingabe –
nicht im Besitzanspruch.

Liebe ist keine Kette, sondern ein Tanz.

Befreit Euch von den Dogmen,
die Eure Leidenschaft zähmen wollen!

Lieben heißt nicht, jemanden an sich zu
binden, sondern ihn fliegen zu lassen.

Wagt es, Euch selbst und andere frei
zu lieben – in Ehrlichkeit, in Freude,
in echter Verbindung.

12

Befreit Euch vom Gedanken, dass jemand anderer für Euer Glück verantwortlich sei!

Kein Partner, kein Staat, kein Guru
kann Euch Glück bringen.

Glück ist nicht etwas,
das gegeben oder genommen wird –
es ist eine Entscheidung.
Es ist der Raum, den Ihr Euch erlaubt,
in dem Ihr Sein könnt,
ohne Erwartungen, ohne Bedingungen.

Man hat Euch gelehrt,
dass Glück verdient werden muss.
Dass Ihr hart arbeiten müsst,
um es zu erreichen.
Dass Ihr erst genug haben,
genug tun, genug sein müsst.
Doch all das ist eine Lüge.

Glück ist die natürliche Folge
der Freiheit.
Wenn Ihr aufhört,
nach Erlaubnis zu suchen.

Wenn Ihr aufhört,
Euer Wohl von anderen abhängig
zu machen.
Wenn Ihr erkennt, dass nichts
Euch fehlt – außer der Erlaubnis,
jetzt glücklich zu sein.

Ihr braucht keinen anderen Menschen,
um Euch zu vervollständigen.
Ihr seid bereits vollständig.

Ihr braucht keine Anerkennung von
außen, um wertvoll zu sein.
Ihr seid bereits wertvoll.

Thaddeus Golas schrieb:
„Wenn du es eilig hast, dich zu
verbessern, bist du schon so gut,
wie du es je sein wirst."

Ihr müsst nichts tun,
nichts verändern, nichts erreichen.
Ihr müsst Euch nur entscheiden.

Seid frei. Seid glücklich. Jetzt.

13
Befreit Euch von der Zeit-Sklaverei!

Die Uhr ist keine Erfindung der Natur,
sondern der Herrscher. Sie messen
Eure Zeit, als wäre sie ihr Eigentum.

Ihr lebt nicht, Ihr plant. Ihr atmet nicht,
Ihr hetzt. Ihr existiert nicht im Jetzt,
sondern in einem ständigen Rennen
gegen die Zeit.

Doch was, wenn Zeit eine Illusion ist?
Was, wenn das Jetzt alles ist,
was je existiert?

Löst Euch von der Tyrannei
der Kalender, der Termine,
der fremdgesteuerten Hast.
Lernt, in den natürlichen Rhythmen
der Welt zu leben – im Puls der Sonne,
im Tanz der Jahreszeiten,
im Fluss der Schöpfung.
Befreit Euch von der künstlichen
Hektik und findet zurück
in den ewigen Moment.

14

Befreit Euch von der Konsum- abhängigkeit!

Sie haben Euch erzählt,
dass Glück gekauft werden kann.
Sie geben Euch glänzende Dinge,
leere Versprechungen,
 kurzweilige Ablenkungen –
doch nie Erfüllung.

Ihr habt mehr als je zuvor,
doch fühlt Ihr Euch reicher?
Oder nur leerer?
Wahre Fülle liegt nicht im Haben,
sondern im Sein.

Besitz bindet, Konsum betäubt,
Werbung manipuliert Eure Sehnsucht.

Befreit Euch von dem Zwang,
Dinge zu brauchen, die Euch
nur schwerer machen.

Reduziert, lasst los, kehrt zurück
zur Einfachheit – dort beginnt
echte Freiheit.

15
Befreit Euch von der Schuldkultur!

Von klein auf wird Euch beigebracht,
dass Ihr schuldig seid.
Schuldig, weil Ihr existiert.
Schuldig, weil Ihr lebt.
Schuldig, weil Ihr wollt.

Der Staat schürt Schuld,
um Euch gehorsam zu machen.
Die Religion predigt Schuld,
um Euch gefügig zu halten.
Die Gesellschaft benutzt Schuld,
um Euch in ihre Normen zu pressen.

Doch Schuld ist eine Fessel, die nur
dann existiert, wenn Ihr sie akzeptiert.

Ihr seid nicht schuldig. Ihr seid nicht
verpflichtet, irgendjemandem zu
dienen außer Eurer eigenen Wahrheit.

Befreit Euch von der erzwungenen
Reue und lebt als freie Wesen, ohne
Angst vor dem Urteil der anderen.

16
Befreit Euch von der Schulbildung!

Sie haben Euch in Klassenzimmer
gesetzt, Euch in Reihen geordnet,
Euch zum Stillsitzen gezwungen.

Sie haben Eure Fragen bestraft,
Eure Kreativität unterdrückt,
Eure Träume durch Prüfungen ersetzt.

Die Schule lehrt keine Weisheit,
sie lehrt Gehorsam.

Das Wissen, das Euch befreit,
steht nicht in den Lehrbüchern
der Herrschenden.

Lernt selbst, entdeckt, forscht, fragt
– und lasst Euch nicht von Diplomen
erzählen, was Ihr wert seid.

Wahre Bildung ist das, was Ihr
in Freiheit entdeckt, nicht das,
was man Euch diktiert.

17
Befreit Euch von der Stadtmentalität!

Ihr seid nicht gemacht für Beton,
Asphalt und Neonlichter.

Die Städte sind Käfige,
in denen Ihr Euch sicher fühlen sollt –
doch sie rauben Euch das Wesentliche.
Frische Luft, Sonnenlicht, Erde unter
den Füßen, das Gefühl, Teil von etwas
Größerem zu sein.

Eure Instinkte verkümmern,
Eure Körper verlernen das Leben,
Eure Seelen vergessen ihre Herkunft.

Zieht hinaus, wo das Leben pulsiert.
Findet Wege, Euch von den
künstlichen Systemen zu lösen.

Kehrt zurück zur Natur –
denn dort beginnt echte Freiheit.

18
Befreit Euch vom Konzept der Arbeit!

Man hat Euch beigebracht,
dass Arbeit ein Wert an sich sei.
Dass ein Mensch nur dann
etwas wert ist, wenn er sich müht,
wenn er „leistet", wenn er sich
der Maschinerie unterwirft.

Doch ist das Leben wirklich
dafür gemacht, sich für
ein fremdes System zu verausgaben?

Arbeitet nicht, um zu überleben.
Lebt, um zu erschaffen.

Echte Arbeit ist Freude.
Sie ist Ausdruck, nicht Mühsal.

Findet Wege, Euer Leben
mit Eurer Leidenschaft zu verweben
– und lasst Euch nicht einreden,
dass Lohnarbeit die einzige
Existenzberechtigung ist.

19
Befreit Euch von der Wissenschaftsgläubigkeit!

Man hat Euch erzählt, dass Wissenschaft
die höchste Form der Wahrheit sei.

Doch Wissenschaft ist kein Gott,
kein unanfechtbares Dogma –
sie ist ein Prozess,
ein ständiges Hinterfragen,
eine Reise ohne Endpunkt.

Sie wird zur Waffe, wenn sie
von Mächtigen gelenkt wird.
Sie wird zum Käfig, wenn
Zweifel verboten sind.

Sie sagen, „die Wissenschaft hat
gesprochen" – doch wer spricht für sie?

Befreit Euch von blindem
Vertrauen in Autoritäten.
Fragt selbst, forscht selbst, denkt selbst.

Echte Erkenntnis wächst dort,
wo Fragen erlaubt sind.

20
Befreit Euch von der Technologie- abhängigkeit!

Jede neue Erfindung wurde Euch
als Fortschritt verkauft,
doch hat sie Euch freier gemacht?
Oder abhängiger?

Sie sagten, Smartphones würden
Euch verbinden – doch habt Ihr
jemals so isoliert gelebt?

Sie sagten, soziale Medien würden
Euch eine Stimme geben – doch wer
kontrolliert, was gehört wird?

Technologie ist ein Werkzeug, doch es
darf nicht zu Eurem Herrn werden.

Befreit Euch
von der ständigen Erreichbarkeit,
von der digitalen Ablenkung,
von der virtuellen Realität.

Lebt hier, jetzt, mit echten Menschen,
in echter Verbindung.

21

Befreit Euch von der Vorstellung, dass die Welt erlöst werden muss!

Ihr glaubt, Ihr müsst kämpfen,

missionieren, andere überzeugen.
Doch die Welt braucht keine Erlösung.
Sie ist, wie sie ist.

Nicht jeder will frei sein.
Nicht jeder wird verstehen.

Eure Aufgabe ist nicht,
die Massen zu retten –
sondern Euch selbst.

Wenn Ihr in Freiheit lebt,
zeigt Ihr, dass es möglich ist.

Wenn Ihr in Wahrheit lebt,
zieht Ihr jene an, die bereit sind.

Hört auf zu predigen.
Beginnt zu leuchten.
Befreit Euch vom Wunsch,
andere zu befreien –
und seid einfach frei.

Befreit Euch!

Das ist keine Bitte.
Das ist eine Einladung.
Euer Leben beginnt,
wenn Ihr erkennt:
Ihr seid bereits frei.

Die How to HOCHKULTUR Buchreihe –
Dein Kompass zur Freiheit

Die How to HOCHKULTUR-Buchreihe ist mehr als eine Sammlung von Schriften – sie ist ein Weckruf für alle, die sich aus den Fesseln des alten Systems befreien und eine neue, selbstbestimmte Welt erschaffen wollen. Hier geht es nicht um bloße Theorie, sondern um konkrete Strategien, um Wissen, das sich in der Praxis bewährt hat, um eine Blaupause für eine Hochkultur, die auf Freiheit, Eigenverantwortung und dezentralen Strukturen basiert.

Jedes Buch widmet sich einem essenziellen Grundpfeiler der Unabhängigkeit: Selbstbestimmung, Exit-Strategien, Bitcoin und dem Aufbau von Parallelstrukturen. Wer sie liest, wird nicht nur verstehen, warum das alte System zum Scheitern verurteilt ist, sondern auch, welche konkreten Schritte nötig sind, um sich daraus zu lösen – und warum jetzt der richtige Moment ist, aktiv zu werden.

FREIHEIT NEXT LEVEL – WARUM DIE WELT FREIHEIT BRAUCHT

Dieses Buch ist der ideale Einstieg in die Denkweise der Hochkultur. Es zeigt, dass Freiheit nicht nur Abwesenheit von Zwang ist, sondern eine bewusste Entscheidung für Eigenverantwortung. Staatliche Strukturen garantieren keine Freiheit – sie stehen ihr im Weg.

Wer dieses Buch liest, versteht, warum langfristiges Denken Wohlstand und Souveränität schafft, warum Alternativen zum Staat notwendig sind – und wie man selbst daran mitwirken kann.

Freiheit bedeutet, niemanden um Erlaubnis fragen zu müssen.

RAUS HIER! – EXIT-STRATEGIEN AUS DER FIAT-WELT

Wer erkannt hat, dass das System nicht reformierbar ist, muss sich daraus lösen. Dieses Buch zeigt, wie das geht.

Es liefert praktische Exit-Strategien zu Finanzen, Leben und Infrastruktur: Bitcoin, Gold, produktive Assets, Freie

Warte nicht auf Reformen. Raus hier – jetzt.

Privatstädte, steuerfreie Zonen und der Aufbau echter Alternativen.

Für alle, die nicht nur reden, sondern handeln wollen.

EXIT FIAT – MIT BITCOIN ZU EINER NEUEN HOCHKULTUR

Bitcoin ist nicht nur Geld. Es ist der Schlüssel zur Freiheit.

Die Fiat-Welt bricht zusammen – was kommt danach? Dieses Buch zeigt, warum Bitcoin mehr ist als eine Währung: Es ist die Basis einer neuen Gesellschaftsordnung.

Hier erfährst du, warum Fiat-Geld zwangsläufig scheitert, wie Bitcoin eine deflationäre Wirtschaft ermöglicht und welche Rolle es in regenerativer Landwirtschaft und echter Unabhängigkeit spielt.

Für alle, die Bitcoin nicht nur besitzen, sondern seine tiefere Bedeutung verstehen wollen.

BEFREIT EUCH! – DER WEG IN EINE WELT OHNE STAAT

Befreit euch! ist mehr als ein Buch – es ist ein Weckruf, ein poetisches Manifest für radikale Freiheit. Es zeigt, dass unsere Ketten nicht aus Stahl, sondern aus Glaubenssätzen, Ängsten und Gewohnheiten bestehen.

Niemand wird dich retten. Also rette dich selbst.

Dieses Werk verbindet libertäre Gedanken mit einer spirituellen Wahrheit: Freiheit beginnt im Kopf. Befreiung geschieht nicht durch politische Kämpfe, sondern durch die Erkenntnis, dass wir nie wirklich gefangen waren.

Ein Buch für Rebellen, Freigeister und alle, die die alte Welt hinter sich lassen und das Leben in seiner ganzen Fülle erfahren wollen.

Die Hochkultur beginnt jetzt. Diese Bücher sind keine bloße Theorie, sondern eine Anleitung für eine neue, dezentral organisierte Welt. Sie bieten das Wissen, die Strategien und das Mindset, um sich aus dem alten System zu lösen und Teil einer echten Renaissance der Freiheit zu werden.

Jeder kann mitmachen. Jeder kann seinen Beitrag leisten. Die Hochkultur gehört denen, die sie aufbauen.

ÜBER HOW TO HOCHKULTUR

Freiheit beginnt im Kopf. Bevor sie sich in der Welt entfalten kann, muss sie in uns selbst wachsen. *How to HOCHKULTUR* ist ein Ruf an alle, die fühlen, dass da mehr sein muss als Gehorsam, Regeln und Zwänge. Es geht nicht nur um Politik oder Wirtschaft – es geht um ein tiefes, inneres Verstehen: Wahre Freiheit ist radikal, weil sie nichts duldet, was uns klein hält.

Dieses Buch ist kein Manifest, sondern ein Befreiungsschlag. Eine Erinnerung daran, dass du nicht auf Erlaubnis warten musst, um dein Leben selbst in die Hand zu nehmen. Es zeigt Wege, sich innerlich und äußerlich von Herrschaft zu lösen – durch Klarheit, Mut und das Vertrauen, dass du selbst die Antwort bist.

Befreit euch – von Angst, von alten Geschichten, von allem, was nicht wirklich euch gehört. Die Welt gehört denen, die frei sind.